Saumur
1880

Schiller, Frederich von

La cloche

Tome

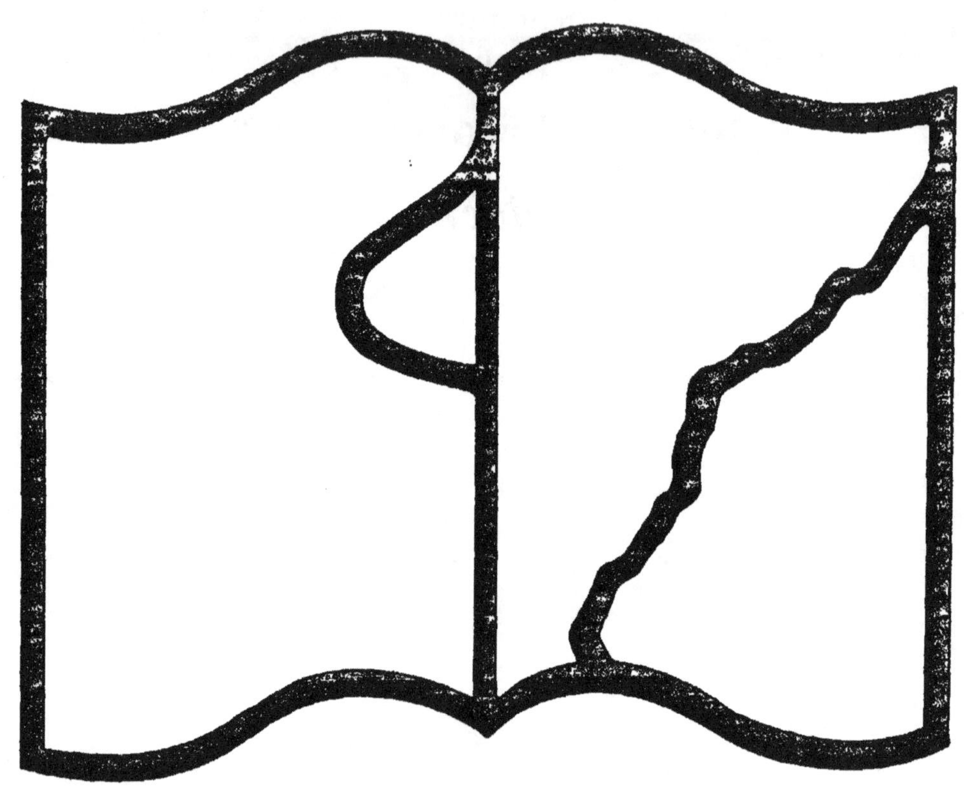

Symbole applicable
pour tout, ou partie
des documents microfilmés

Texte détérioré — reliure défectueuse

NF Z 43-120-11

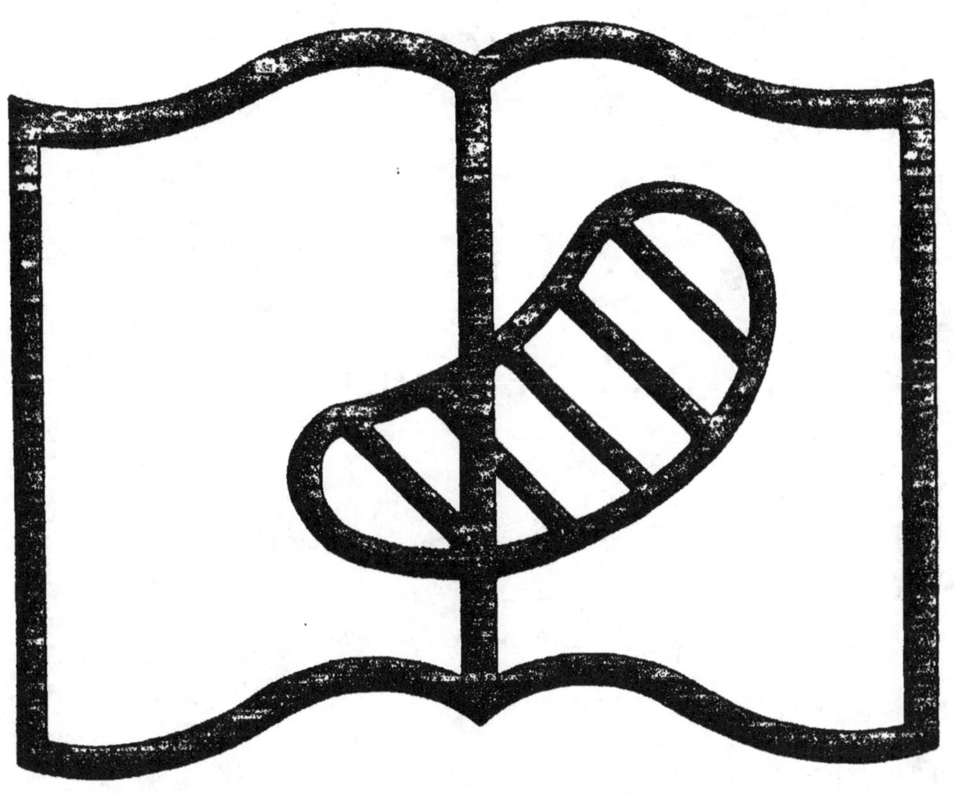

Symbole applicable
pour tout, ou partie
des documents microfilmés

Original illisible

NF Z 43-120-10

GASTON DE CHAUMONT
PRINCIPAL DU COLLÈGE DE SAUMUR

LA CLOCHE

POÈME DE SCHILLER

TRADUCTION LITTÉRALE EN VERS FRANÇAIS

DEUXIÈME ÉDITION

SAUMUR
E. MILON & FILS, LIBRAIRES-ÉDITEURS
RUE D'ORLÉANS, 46

1883

LA CLOCHE

GASTON DE CHAUMONT

PRINCIPAL DU COLLÈGE DE SAUMUR

LA CLOCHE

POÈME DE SCHILLER

TRADUCTION LITTÉRALE EN VERS FRANÇAIS

DEUXIÈME ÉDITION

SAUMUR
E. MILON & FILS, LIBRAIRES-ÉDITEURS
RUE D'ORLÉANS, 46

1880

La première édition de cette traduction, aujourd'hui soigneusement revue et corrigée, a été publiée à Paris, en 1864, chez MM. Ad. Lainé et J. Havard, imprimeurs.

SCHILLER

Frédéric de Schiller, fils d'un chirurgien qui servait dans l'armée du duc de Wurtemberg, naquit à Marbach, le 10 novembre 1759. Il se destina d'abord à la carrière paternelle. Déjà même il avait obtenu le titre de chirurgien, quand il fit imprimer son drame des *Brigands*.

Depuis, il s'acquit en Allemagne une gloire littéraire presque égale à celle de Gœthe, son rival et son ami. Poète lyrique, auteur dramatique, historien, philosophe même, son génie souple se plia heureusement à ces divers genres.

On peut dire de Schiller qu'il est le Racine allemand.

Outre des poésies qui forment plusieurs volumes, Schiller a écrit *Don Carlos*, l'*Histoire de l'Insurrection des Pays-Bas*, l'*Histoire de la Guerre de Trente ans*, *Wallenstein*, *Marie Stuart*, *Jeanne d'Arc*, *La Fiancée de Messine*, *Guillaume Tell*, etc.

La Cloche fut une de ses dernières compositions et comme son chant du cygne. Le 9 mai 1805, Schiller s'éteignit à Weimar, jeune encore, puisqu'il n'avait pas 46 ans.

De son vivant, les honneurs et la gloire ne lui avaient pas manqué. Outre l'amitié de Gœthe, la protection du duc de Weimar, celle du duc de Meiningen, il s'était vu honoré par la République Française du titre et des droits de citoyen français.

« ... Le chant de *La Cloche* est une revue poétique des principales phases de la vie humaine, telles que la naissance, le mariage, etc., solennisées par la voix de la cloche ; il se divise en deux parties : dans l'une, on assiste à l'opération de la fonte, et toute l'habileté du poète se révèle dans le talent d'imitation, dans ce qu'on appelle l'onomatopée ; mais qu'on n'aille pas croire à une puérile imitation de sons, c'est dans la pensée que se fait ce curieux travail. Analyser une telle sensation est presque impossible. La seconde partie nous fait assister à toutes les grandes scènes de la vie dans lesquelles la cloche va jouer un rôle solennel : la naissance, le mariage, la mort ; puis l'incendie et l'émeute ; enfin toutes les circonstances qui datent dans la vie de l'homme. On pressent quel parti un poète comme Schiller a pu tirer de ces images, dans une langue si maniable, si pittoresque et si énergique. »

(Extrait du *Dictionnaire Universel* de P. Larousse.)

« .... Cependant Schiller égala et dépassa un jour son maître (Gœthe) dans un poème lyrique presque sans égal dans la poésie de toutes les langues modernes, intitulé *La Cloche*. Ce dithyrambe, réfléchi et vociféré tout à la fois sur l'instrument aérien qui sonne à la fois les prières, les douleurs, les glas funèbres, les naissances, les effrois de l'homme, est digne de rester dans la mémoire de la postérité. Schiller ne le composa pas comme l'ode se compose, c'est-à-dire par une rapide et involontaire explosion de l'âme, qui n'éclate qu'un instant et qui se répercute à jamais de l'âme du poète dans l'oreille des siècles. On voit, par sa correspondance avec Gœthe, qu'il le conçut un jour d'inspiration, mais qu'il l'exécuta en trois ans d'étude et de retouches. Le lecteur va juger, sur une traduction toujours atténuante de l'œuvre originale, combien Schiller dépassa Pindare et Horace dans ce dithyrambe didactique du poète qui se souvenait d'avoir été chrétien. »

LAMARTINE.

(*Cours familier de littérature*, 41e entretien.)

LA CLOCHE

Vivos voco ; mortuos plango ; fulgura frango.

Par les flammes durci notre moule d'argile
Est fortement scellé dans la terre fragile.
    Courage, amis, et soyez prompts !
    Aujourd'hui la cloche doit naître ;
    L'eau doit ruisseler de vos fronts
    Pour que l'œuvre honore le maître.
Mais que le ciel nous donne aide et protection !
C'est d'en haut que descend la bénédiction !

Il convient de mêler à l'œuvre sérieuse
Que nous entreprenons de sérieux discours ;

Grâce aux sages propos, l'ardeur est plus joyeuse,
Le travail moins pénible et les moments plus courts.
Ce que doit enfanter notre faible entreprise,
Voyons-le maintenant avec attention ;
Car l'homme irrésolu, changeant, on le méprise ;
Il ne réfléchit pas à sa propre action !
Pourtant c'est le divin et noble privilège
Que l'homme méconnaît, trop souvent sacrilège ;
Oui, la saine raison fut donnée aux humains
Pour penser aux travaux que créeront leurs mains !

Prenez du sapin sec, embrasez ces ramées,
Afin que par le jet des flammes comprimées
    Le fond du creuset soit atteint !
    Du cuivre on voit bouillir la masse ;
    Mêlez-y promptement l'étain
    Pour que l'alliage tenace
Puisse franchir les murs de son palais brûlant
Et du moule remplir à flots le large flanc.

La cloche que nos mains, dans le sein de la terre,
Font à l'aide du feu, sous l'épaisse paroi,
Chantera dans le ciel son hymne grave, austère,
Et dira nos travaux du haut de son beffroi.
Elle vivra longtemps ; longtemps sa voix touchante
Mêlera sa prière au chœur qui prie et chante.
Elle saura pleurer avec les affligés
Et rendre aux trépassés les devoirs obligés.
Tout ce qu'un sort changeant jette aux enfants du monde
Sans cesse ébranlera ce métal couronné,
Dont la voix éclatante, ou joyeuse ou profonde,
Gémit sur un cercueil ou fête un nouveau-né.

Compagnons, voyez-vous jaillir la bulle blanche !
Bien ! le bronze fondu de tous côtés s'épanche
    Et la masse est en fusion !
    Elle prend le sel de la cendre
    Qui du feu hâte l'action
    Et rendra la fonte plus tendre.
Mais pour que notre cloche ait un son large et franc,
De toute écume il faut purger l'airain vibrant.

Joyeux, il salûra de son timbre sonore
Le nouveau-né chéri pour qui sourit l'aurore,
Dont la paupière est close aux clartés du soleil
Et qui vient en ce monde aux bras du doux sommeil.
Sous les voiles du temps ses jeunes destinées
Reposent, joie et pleurs, dans le sein des années.
Tous les soins maternels par l'amour inspirés
Veillent, près du berceau, sur ses matins dorés.
Mais les ans ont passé comme l'éclair qui brille
Et meurt. — L'adolescent quitte la jeune fille,
S'élance dans la vie et, le bâton en main,
Voyage jusqu'au jour où, lassé du chemin,
Étranger, il revient aux lieux de son enfance.
Il voit la jeune vierge et, quand elle s'avance,
Il lui semble entrevoir quelque habitant des cieux.
Ce front pudique!... Alors des pleurs voilent ses yeux;
L'amour emplit son cœur de vague inquiétude
Et de désirs sans nom; il veut la solitude;
Ses amis, il les fuit; il évite leurs jeux
Et garde pour lui seul le secret de ses vœux.
Timide, il suit les pas de la vierge chérie
Dont un regard, un mot, font son âme attendrie.

De leurs plus belles fleurs il dépouille les prés
Pour en parer ce front et ce sein adorés.
Désirs passionnés ! Oh ! charmante espérance !
L'œil voit le ciel ouvert ; tout est sérénité !
Le cœur est accablé de sa félicité !
Age d'or de l'amour ! Chère et sainte souffrance !
Que n'es-tu toujours vert, ne fleuris-tu toujours,
    Beau temps de nos jeunes amours !

Attention ! Déjà tous les tubes brunissent !
C'est l'indice assuré que les métaux s'unissent
    Et se mélangent bien entre eux.
    Si cette baguette est couverte
    D'un enduit friable et vitreux,
    Nous coulerons la cloche !... Alerte !
Essayez le mélange ! Alerte ! Hâtez-vous !
Voyez le métal fort s'unir au métal doux !

Lorsqu'à la fermeté la tendresse est unie,
La force à la douceur, fait l'heureuse harmonie.

Que pour toujours celui qui contracte un lien
S'assure si le cœur saura répondre au sien!
Le repentir est long ; l'illusion si brève!
Et le bonheur souvent s'envole comme un rêve!...
La fiancée a mis le voile nuptial ;
Sur son front resplendit le bandeau virginal
Dont, avec la couronne, elle a paré sa tête.
Quand les cloches en branle invitent à la fête,
De notre vie, hélas! pourquoi ces doux instants
Vont-ils terminer le printemps!
Avec le voile et la ceinture
Tombe l'illusion si pure!
La passion s'enfuit, hélas!
Mais l'amour ne s'éteindra pas.
Les fleurs du printemps se flétrissent ;
Qu'après elles les fruits mûrissent!
Prêt pour souffrir, prêt pour lutter,
Il faut que l'homme, dans la vie,
Sache semer et récolter,
Calculer et braver l'envie.
La fortune, il peut la dompter
S'il sait user de hardiesse

Et joindre la force à l'adresse!
Alors aux greniers bien construits
S'entassent les moissons, les fruits ;
Dans cette abondance sereine,
Si le domaine s'arrondit,
L'habitation s'agrandit
Où parle en chaste souveraine
La mère des enfants, — la reine!
La maîtresse de la maison,
Dans le cercle de la famille,
Veille sur le petit garçon
En instruisant la jeune fille.
Elle dirige les travaux ;
Par son ordre et par sa sagesse,
Sans trêve elle accroît la richesse,
Elle acquiert des biens nouveaux.
Chaque jour son fuseau mobile
Dévide le chanvre ou le lin ;
Dans les bahuts en chêne plein
La laine brillante s'empile ;
Au fond des coffres embaumés
Les solides biens qu'elle serre

Joignent le luxe au nécessaire ;
Elle, ne s'arrête jamais !

Du haut de sa maison, d'où l'œil sonde l'espace,
Le père joyeux voit l'arbuste qui dépasse
Son tuteur inutile, et les riches moissons,
Et les greniers comblés des présents des saisons ;
Son œil embrasse au loin les plaines ondoyantes
Et ses troupeaux perdus aux herbes verdoyantes.
Ivre alors, il s'écrie avec un juste orgueil :
« De l'impuissant destin mon bonheur est l'écueil !
Ferme comme la terre, il peut de l'infortune
Défier les assauts ! »... Mais ici-bas aucune
Prospérité n'est stable, aucun pacte éternel ;
Et le malheur bien vite accable le mortel.

Compagnons, il est temps que la cloche se coule !
Allons ! laissons jaillir le métal dans le moule !
La cassure donne un beau grain ;
Mais avant l'épreuve dernière,

Avant de délivrer l'airain
Faisons une courte prière !
Que Dieu nous aide ! Ouvrez !.... Le feu jaillit, brillant,
Et s'engloutit à flots dans le moule en sifflant !

Bienfaisante est du feu la puissance divine
Quand le bras du mortel la guide et la domine !
Il l'asservit alors à des travaux humains
Et la fille du ciel obéit à ses mains !
Mais terrible est aussi cette force céleste
Quand, ayant reconquis sa liberté funeste,
Elle suit malgré nous sa propre impulsion,
Gronde et porte en tous lieux la désolation !
Malheur ! quand, déchaîné, libre de tout obstacle,
Le feu prend aux quartiers populeux des cités,
Où le fléau rugit, s'étend, — hideux spectacle !...
Toujours les éléments contre nous révoltés
Semblent se hâter de détruire
L'œuvre que l'homme a pu construire !
C'est des nuages bienfaisants
Que tombent les eaux salutaires,

Gages de présents pour les terres ;
Mais, des nuages menaçants,
Jaillissent aussi les tonnerres !
Entendez-vous gémir la tour ?
C'est le cri des tocsins funèbres !
La flamme a chassé les ténèbres !
Ce n'est point la clarté du jour !
Quel tumulte à travers les rues !
La fumée obscurcit les airs,
Le feu s'élève jusqu'aux nues,
Le ciel est sillonné d'éclairs !
Le mur de flamme en pétillant s'avance ;
De rue en rue il grandit, il s'élance ;
Il croît avec la vitesse du vent.
Sorti d'un four, l'air est moins énervant.
Fenêtres, toits avec fracas s'écrasent ;
Poutres, plafonds éclatent et s'embrasent ;
De tous côtés s'effondrent les débris.
Les animaux sous les flammes mugissent ;
L'air retentit de plaintes et de cris !
Mères, enfants se cherchent et gémissent !
Dans ce tumulte on se heurte, l'on fuit ;

Semblable au jour brille l'horrible nuit !
De main en main une chaîne impuissante
Comme à l'envi fait circuler le seau,
Tandis qu'en vain la pompe jaillissante
Fait retomber d'immenses gerbes d'eau.
Voici que l'aquilon, plus vite que la flèche,
Attise l'incendie en ses longs hurlements.
Dans les combles le feu prend à la moisson sèche ;
Sur les toits il vomit d'horribles sifflements.
On dirait qu'affolés, vainqueurs, les éléments
Vont engloutir le monde, escalader la nue,
Tant la flamme grandit, jusqu'au ciel parvenue !
L'homme alors reconnaît la main d'en haut venue ;
Il cède, consterné ; l'abri de ses vieux jours,
L'œuvre de ses sueurs s'écroule pour toujours.
La flamme a tout brûlé dans cette enceinte vide
Que balayent les vents de leur souffle rapide,
Où règnent désormais le silence et l'horreur.
Le nuage au-dessus la voit avec terreur ;
Et l'étoile du soir à découvert regarde
Ces décombres noircis sous sa lueur blafarde.
L'homme, à son tour, contemple encor ces tristes lieux,

Tombeau de son bonheur!... Bientôt, moins soucieux,
Quels que soient sa ruine et cet affreux ravage,
Il puise en ses maux sa consolation.
Les siens, il les retrouve et, plein d'émotion,
Confiant, il reprend son bâton de voyage.
Voyez! pas un ne manque à l'amour paternel!
Oui, tous sont revenus à son tremblant appel!

Sur le métal ardent la terre s'est fermée;
Notre moule est rempli d'une lave enflammée.
L'airain, pour prix de nos sueurs,
Vibrera-t-il assez sonore?
Hélas! pour payer nos labeurs,
Et quand nous espérons encore,
Cruelle incertitude, un accident fatal
A-t-il brisé le moule ou fendu le métal?

Dans le sein ténébreux de la terre sacrée
Nous plaçons aujourd'hui, par nos soins préparée,
La cloche que forma le travail de nos mains;

Le laboureur aussi confie au sol ses grains,
Espérant que du ciel l'indulgente clémence
Permettra que prospère et germe la semence.
Nous ensevelissons, accablés par le deuil,
Des objets précieux, semence bien plus chère,
Avec l'espoir qu'un jour sortiront du cercueil
Les cendres qu'aujourd'hui nous donnons à la terre ;
Que ces restes chéris, dans l'avenir lointain,
Un jour, s'éveilleront pour un meilleur destin !
   Lente, du haut des tours, en ses accents funèbres,
La cloche tristement fait résonner un glas ;
Sa prière accompagne au séjour des ténèbres,
A son dernier asile, un voyageur. Hélas !
Hélas ! Ce voyageur est l'épouse adorée
Qu'à son époux le noir démon a retirée !
C'est une mère, hélas ! qu'appelle en gémissant
De ses fils éplorés le cercle florissant !
Chers enfants, autrefois nourris à sa mamelle,
Dont s'énorgueillissait sa fierté maternelle !
Et maintenant, hélas ! sont brisés à jamais
Les saints et doux liens que formait sa tendresse !
Pauvres enfants, privés désormais de caresse !

Plus de soins vigilants ! plus de jeux désormais !
A jamais c'en est fait de sa sollicitude,
Car celle qui fut mère est au sombre séjour !
L'avenir apparaît chargé d'inquiétude ;
Au foyer orphelin viendra régner, un jour,
Une étrangère sans amour !

Pendant que le métal se refroidit en terre,
Amis, nous pouvons prendre un repos salutaire
Et nous récréer un moment.
Lorsque des cieux la reine brille,
Que, dans l'azur du firmament,
L'étoile nocturne scintille,
Le jeune ouvrier, libre, entend l'airain du soir ;
Mais le maître jamais n'a fini son devoir.

Le voyageur, sous le sombre feuillage,
Hâte gaîment ses pas vers le village
Où luit le toit de sa chère maison.
A leur bercail vont les brebis bêlantes,

Les bœufs luisants. Il voit à l'horizon
Les noirs taureaux et les génisses lentes
A leur étable aller en mugissant;
Chacun, le soir, prend sa place fixée.
Le chariot, vers la grange, en grinçant,
Roule, chargé de la moisson tassée;
Et le bouquet, où se mêlent les fleurs,
Sur une gerbe étale ses couleurs.
Des moissonneurs qui marchent en cadence
Le chœur joyeux chante et vole à la danse.
Dans la rue, au marché, tout est silencieux;
Puis la lampe s'allume; à sa clarté tranquille
Les hôtes des maisons se rassemblent entre eux.
Sur leurs gonds, en grondant, les portes de la ville
Ont roulé. Mais la nuit, juste sujet d'horreur
Pour le méchant que l'ombre avec effroi réveille,
La nuit n'assiége point de sa sombre terreur
Le paisible bourgeois; car, tandis qu'il sommeille,
Le regard protecteur de la justice veille!

Justice ! Ordre sacré ! Sainte institution,
Par qui de doux liens resserrent les familles,
C'est toi qui des mortels as formé l'union !
Oui, c'est toi qui jetas les fondements des villes,
Appelas nos aïeux sous l'abri de tes lois
Et pris l'homme sauvage aux profondeurs des bois !
Sous son toit, où régnait encor la barbarie,
Tu pénétras, un jour, pour adoucir les mœurs,
Enseigner les vertus et réunir les cœurs
Dans un lien sacré, l'amour de la patrie !

Maîtres et compagnons dans un commun accord,
Au bruit de chants joyeux unissant leur effort,
S'aident sous ton égide, ô liberté chérie !
Tous, vers le but commun, tendent leurs mille mains ;
Chacun aime son poste ; il brave les dédains
Et renvoie au railleur sa vaine raillerie.
Car toujours le travail honore son auteur ;
Et si les souverains sont fiers de leur grandeur,
Nous, ne serons-nous pas fiers de notre industrie ?

Union salutaire, heureuse liberté,
Habitez à jamais cette belle cité !
Puisse ce triste jour ne jamais apparaître
Où la horde guerrière inonderait peut-être
Ce tranquille pays, rougirait ces vallons,
Si riants aujourd'hui, du sang des bataillons !
Oh ! puisse cet azur qui, le soir, se colore
De pourpre, — le Seigneur nous épargne ces maux ! —
Ne pas s'ensanglanter, comme une affreuse aurore,
Du feu qui brûlerait la ville et les hameaux !

Amis, brisez l'argile heureusement remplie
Et réjouissez-vous ; son œuvre est accomplie.
Que le marteau dans votre main
Frappe l'enveloppe qui presse
Encore dans ses flancs l'airain !
Pour que notre cloche apparaisse,
Oui, pour que le métal au jour soit annoncé,
Il faut que par morceaux le moule soit cassé.

Le maître peut briser avec expérience
L'enveloppe d'argile après le temps prescrit ;
Mais malheur ! si l'airain dans son impatience,
Rompant de sa prison le trop fragile abri,
Vomit partout en feu, rebelle et fier esclave,
Les funestes torrents d'une liquide lave !
Dans son courroux aveugle il crève sa prison,
Projette ses éclats jusques à l'horizon
Et laboure le sol de ses lambeaux qu'il sème !
Où domine un pouvoir brutal et déchaîné,
Tout art est à périr forcément condamné.
C'est ainsi que le peuple, en son orgueil extrême,
Se perd en désirant se délivrer lui-même !

Malheur ! quand l'étincelle au sein de la cité
A couvé sourdement ; brisant toutes ses chaînes,
Quand le peuple enivré par sa folle fierté
Ne sait pour son salut qu'obéir à ses haines !
L'émeute se suspend aux cordes de l'airain ;
La cloche, dont la voix naguère était si pure,
Abjurant désormais son ministère saint,

Annonce la révolte au sinistre murmure !
  Partout : « Égalité ! Liberté ! Liberté ! »
En un instant ce cri partout est répété.
Le paisible bourgeois se lève et prend les armes ;
Le peuple furieux fait gronder le tocsin ;
La ville retentit de lugubres alarmes.
O jour affreux, qui voit errer l'homme assassin !
La femme, ô sacrilège ! oubliant sa faiblesse,
En féroces plaisirs semblable à la tigresse,
D'une dent de panthère arrache en rugissant
Le cœur de sa victime encore frémissant !
Rien de sacré n'est plus ; rien n'excite la crainte ;
Dans cet aveuglement la pudeur est éteinte,
Et les bons, aux méchants cédant la royauté,
Voient triompher partout le cynisme effronté !
Ah ! certes du lion le réveil est terrible,
Et le tigre en furie est un spectacle horrible !
Mais combien plus hideux est le peuple irrité,
Qu'ont égaré sa haine et sa sombre fierté !
Malheur ! malheur à ceux dont la bonté funeste
Vint armer ses fureurs de la torche céleste !

Elle n'enlève pas le voile de ses yeux,
Et ne sait qu'enfanter et la guerre et les feux !

Le Seigneur a béni mon travail ; et, pareille
A quelque étoile d'or, reluisante et vermeille,
Du milieu du moule en éclats
La cloche s'élève brillante.
Voyez-la, du haut jusqu'en bas
Comme un soleil étincelante !
Le casque et la couronne artistement gravés
Attestent du mouleur les talents achevés !

En cercle, compagnons ! Que chacun se rapproche !
CONCORDE !.... De ce nom baptisons notre cloche !
Que de nos cœurs sa voix n'appelle l'union
Que pour des sentiments de paix, d'affection !

Qu'elle soit par le maître à jamais préparée
A cette œuvre de paix, à cette œuvre sacrée !

Élevée au-dessus de ce monde mortel,
Elle dominera, voisine du tonnerre,
Dans la tente d'azur que lui fera le ciel ;
Et sa voix couvrira les vains bruits de la terre.
Ses sonores accents, dans les sphères du jour,
S'ajouteront au chœur errant de ces étoiles
Qui, dans leur vaste course, arrivent tour à tour
Nous montrer des saisons la couronne et les voiles.
Puisse sur le beffroi la bouche de l'airain
N'accorder ses accents qu'aux choses éternelles ;
Et qu'à chaque moment, pour la ronger, en vain,
Le temps en s'enfuyant l'effleure de ses ailes !
Qu'elle mêle sa voix à celle du destin !
Que sans compassion, sans regret, sans envie
Pour tout ce qui commence et tout ce qui s'éteint,
Elle annonce les jeux du sort et de la vie !
De même que son chant retentit sur la terre
Pour s'éteindre bientôt au néant qui l'attend ;
De même qu'elle enseigne, en son langage austère,
Que tout bien ici-bas ne dure qu'un instant !

Avec l'aide du câble à sa fosse d'argile
Maintenant arrachez notre cloche fragile !
Retirez-la de sa prison.
Voyez ! Le bronze se balance
Et monte à l'empire du son !
Tirez ! Vers le ciel il s'élance !
Qu'il chante dans les airs et que seule, à présent,
La paix fasse vibrer l'airain retentissant !

Pau, 1861.

ANGERS, IMPRIMERIE LACHÈSE ET DOLBEAU.

www.ingramcontent.com/pod-product-compliance
Lightning Source LLC
LaVergne TN
LVHW012329100826
845148LV00017B/676

* 9 7 8 2 0 1 2 1 7 1 6 4 0 *